CATALOGUE

DE

BIJOUX ANCIENS

ET

MODERNES

Objets de vitrine, Argenterie, Boîtes, Porcelaines, Faïences, Bronzes, Cuivre

ÉTOFFES — TAPIS D'ORIENT

INSTRUMENTS DE MUSIQUE

TERRES CUITES — MEUBLES — OBJETS DIVERS

DONT LA VENTE AURA LIEU

HOTEL DROUOT, SALLE N° 5

Le Mercredi 28 Mars 1883, à 2 heures

Mᶜ G. PIERRON
COMMISSAIRE - PRISEUR
88, rue de la Victoire, 88

M. A. BLOCHE
EXPERT
44, rue Laffitte, 44

EXPOSITION PUBLIQUE : le Mardi 27 Mars 1883
De une heure et demie à cinq heures et demie.

CONDITIONS DE LA VENTE

Elle sera faite au comptant.

Les adjudicataires payeront *cinq pour cent* en sus des enchères.

L'exposition mettant le public à même de se rendre compte de l'état des objets, aucune réclamation ne sera admise une fois l'adjudication prononcée.

Paris — Imp. de l'Art, J. Rouam, 41, rue de la Victoire.

VENTE
du Mercredi 28 Mars 1883

HOTEL DROUOT, SALLE N° 5

A 2 HEURES

BIJOUX ANCIENS

ET MODERNES

Objets de vitrine — Argenterie — Boîtes

Porcelaines — Faïences — Bronzes

Cuivres — Étoffes — Tapis d'Orient

INSTRUMENTS DE MUSIQUE

TERRES CUITES — MEUBLES — OBJETS DIVERS

COMMISSAIRE-PRISEUR	EXPERT
Me G. PIERRON	**M. A. BLOCHE**
88, rue de la Victoire, 88.	44, rue Laffitte, 44.

EXPOSITION PUBLIQUE

Le Mardi 27 Mars 1883

de 1 heure 1/2 à 5 heures 1/2.

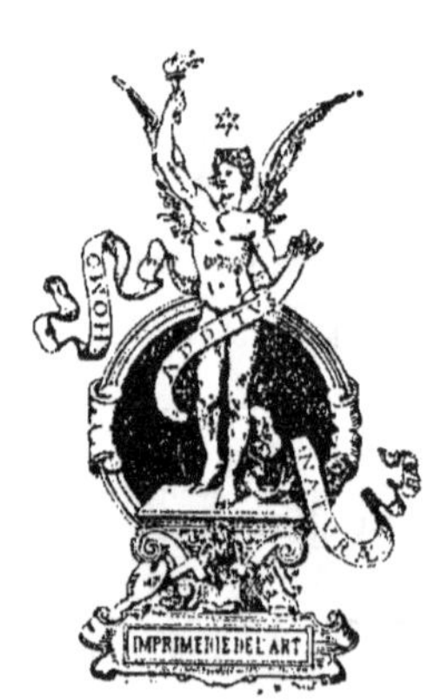
IMPRIMERIE DE L'ART

DÉSIGNATION DES OBJETS

1 — Paire de pendeloques en or et émeraudes.

2 — Collier en or. Renaissance.

3 — Paire de pendeloques anciennes émaillées, avec perles, saphirs et rubis.

4 — Bague ancienne, pavés en roses.

5 — Pendant forme fermoir, émail bleu et roses.

6 — Pendentif ancien, or émaillé : Saint Joseph.

7 — Deux boules en argent doré.

8 — Pendant ancien, émail avec jargons.

9 — Bague en agate herborisée et turquoises.

10 — Bague ancienne émaillée, avec un gros brillant.

11 — Plaque ancienne en or.

12 — Pendant de cou avec perles, rubis, émeraudes : Saint Georges.

13 — Paire de boutons d'oreilles en émeraudes et roses anciennes.

14 — Croix Renaissance émaillée en rubis et émeraudes.

15 — Pendentif en or ancien.

16 — Montre ancienne en or émaillé.

17 — Cadre en argent avec quatre émeraudes.

18 — Petit groupe : Chimère en ivoire,

19 — Paire de pendeloques anciennes en argent doré.

20 — Pendant ancien en or et grenats.

21 — Plaque en malachite avec cadre en or.

22 — Broche ancienne émaillée.

23 — Peigne-diadème en argent doré.

24 — Fermoir d'escarcelle en argent ancien.

25 — Salière ancienne en argent à trois comparti-
ments.

26 — Étui en argent ancien.

27 — Étui en argent ancien.

28 — Miniature.

29 — Pomme de canne Louis XV en cuivre doré.

30 — Boîte à mouches en ivoire et or.

31 — Plaque en émail de Limoges.

32 — Boîte en Saxe.

33 — Pied en argent ancien.

34 — Flacon en porcelaine.

35 — Flacon en porcelaine.

36 — Boîte ronde Louis XVI en argent nickelée.

37 — Boîte : Tête de chien.

38 — Statuette en buis ancien.

39 — Vase niellé.

40 — Grand vase en cuivre repoussé. Travail persan.

41 — Cinq présentoirs orientaux pour tasses à café, en filigrane d'argent et émail.

42 — Deux broches turques en agate gravée.

43 — Douze pièces de monnaies d'argent byzantines. (Poids, 152 grammes.)

44 — Trois lampes grecques anciennes en terre cuite.

45 — Tasse chinoise en cuivre émaillé.

46 — Boîte chinoise en ivoire sculpté.

47 — Théière, trois tasses et trois soucoupes en porcelaine de la Chine.

48 — Théière japonaise en bronze martelé.

49 — Deux salières en porcelaine de Berlin.

50 — Bœuf en faïence de Delft.

51 — Sucrier et plateau en ancienne porcelaine de Chine.

52 — Gourde en faïence italienne représentant une scène bachique.

53 — Vase de pharmacie en faïence italienne.

54 — Brûle-parfums en bronze.

55 — Chandelier en bronze. Style Louis XIII.

56 — Deux figurines en biscuit de Saxe. Époque Louis XIV.

57 — Plat en faïence de Kanga.

58 — Pièce d'étoffe brodée de soie de couleur.

59 — Deux dessus de canapé en satin bleu brodé de soie.

60 — Pièce d'étoffe en soie verte et bronze.

61 — Grande pièce cotonnade italienne imprimée.

62 — Trois tabourets orientaux en bois peint.

63 — Étagère orientale en bois peint.

64 — Table carrée en chêne incrustée de nacre.

65 — Petit guéridon en chêne incrusté de nacre.

66 — Deux sacs de muletiers espagnols.

67 — Deux assiettes en faïence de Delft.

68 — Quatre assiettes en porcelaine de la Chine (ancienne Compagnie des Indes).

69 — Violon ancien, par Amati.

70 — Violon, par Jean-Baptiste Vuillaume.

71 — Violon, par Nicolas Lupot.

72 — Violon, par Paolo Magini.

73 — Violon, par Lapaix.

74 — Violon, par Stainer.

75 — Violon, par Guadaguini.

76 — Alto, de Leclerc, des Quinze-Vingts.

77 — Alto, vieux Paris.

78 — Cinq archets.

79 — Deux boîtes à violon doubles.

80 — Deux boîtes à violon simples.

81 — Violoncelle de Cherbourg, vieux Paris.

82 — Violoncelle de Cherbourg, vieux Paris.

83 — Deux boîtes à violoncelle.

84 — Deux archets de violoncelle.

85 — Flageolet à pompe, à quatre clefs.

86 — Flageolet en ivoire, à une clef.

87 — Flûte en ivoire.

88 — Flûte en cristal à cinq clefs.

89 — Viole d'amour à volute sculptée.

90 — Viole d'amour à volute italienne.

91 — Viole d'amour à volute italienne.

92 — Mandoline mexicaine.

93 — Mandoline byzantine rehaussée de peintures.

94 — Mandoline napolitaine.

95 — Tambour de basque ancien.

96 — Vielle de Renaut.

97 — Tambour de guerre du Haut-Sénégal.

98 — Tambour de guerre indien.

99 — Buste en terre cuite représentant : une paysanne.

100 — Buste en terre cuite représentant : un enfant.

101 — Buste en terre cuite représentant : un enfant.

102 — Belle portière d'Orient richement brodée.

103 — Autre belle portière analogue.

104 — Huit tapis d'Orient anciens et modernes de
différentes dimensions.

105 — Étoffes diverses.

106 — Commode Louis XV.

107 — Petit paravent ancien.

108 — Objets non catalogués.